AF264143

Les Tribus Musulmanes
du Sud-Est de Madagascar

PAR

Gabriel FERRAND

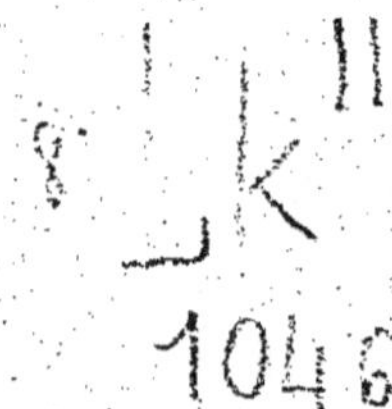

Extrait de la
« REVUE DE MADAGASCAR »

Les Tribus Musulmanes du Sud=Est de Madagascar [1]

L'île Qanbalou, mentionnée par plusieurs auteurs orientaux, a été identifiée par le savant orientaliste hollandais M. de Goeje, avec l'île de Zanzibar. Le géographe arabe Maçoudi raconte qu'elle aurait été envahie par les Arabes à l'époque de la conquête de l'île de Crète par les musulmans, c'est-à-dire vers l'an 750 de notre ère. De Zanzibar au cap Delgado, le long de la côte, la distance est d'environ 300 milles ; du cap à Mayotte, en faisant escale à la Grande Comore et à Anjouan, la distance est à peu près égale, 300 milles encore ; enfin Mayotte n'est qu'à 190 milles de Majunga. Des relations commerciales existaient certainement avant l'hégire entre la côte africaine, les Comores et la côte Nord-Ouest de Madagascar. La religion musulmane, imposée à Zanzibar par les conquérants arabes, ne dut pas tarder à être introduite aux Comores, d'où elle se répandit ensuite sur la côte malgache voisine. De Majunga les Arabes remontent la côte Nord-Ouest jusqu'au Cap d'Ambre et descendent ensuite la côte orientale jusqu'à Fort-Dauphin, sur le 25e degré de latitude. Tel nous semble, en l'absence de toute indication chez les historiens et géographes orientaux, l'itinéraire le plus vraisemblable suivi par les Arabes qui ont islamisé le S. E. de Madagascar.

Si l'islamisation des tribus maritimes est un fait indéniable, basé sur des preuves d'une authenticité absolue, la date à laquelle elle eut lieu reste incertaine. Les navigateurs portugais qui ont découvert Madagascar au commencement du xvie siècle, y ont constaté la présence de nombreux musulmans. L'introduction de l'islam doit donc se placer entre le commencement du ixe siècle, cinquante ans après la conquête

1. Conférence faite à l'École Coloniale le 20 mai 1903.

de Zanzibar, et la fin du xve; mais aucune date ne s'impose particulièrement pendant cet intervalle de sept siècles. S'il est probable que peu de temps après avoir soumis les Zendjs de Zanzibar, les Arabes aient occupé les Comores et Majunga, il serait imprudent de pousser la conjecture plus loin et de supposer qu'ils ont entrepris peu de temps après un voyage de circumnavigation autour de la Grande Ile africaine. Flacourt, dans l'avant-propos de son *Histoire de la grande isle Madagascar*, compte deux immigrations arabes à la côte Sud-Est : les Zafind-Raminia vers la seconde moitié du xiie siècle, et les Zafikazimambo au commencement du xvie; mais ces indications chronologiques ne reposent sur aucune base sérieuse et ne peuvent pas être retenues. A titre de conjecture, en l'absence de tout document portant date, il me semble possible que les premiers Arabes aient fait leur apparition dans le S. E. vers l'an 1000, deux siècles et demi après l'occupation du Zanzibar.

Les traditions populaires des musulmans malgaches du Sud-Est tendent à donner à leurs premiers ancêtres une illustre origine. Ils revendiquent l'honneur d'avoir été islamisés par le prophète Mohammed, sa fille Fatima, son cousin et gendre Ali ben Abou-Taleb, ou par des chefs Arabes de la Mekke. Ces mêmes traditions donnent généralement la Mekke et Médine, les deux villes saintes de l'islam, comme point de départ aux migrations arabes. Des légendes identiques font descendre de Aqil, fils du khalife Ali, une dynastie qui régnait au Harar au xive siècle, et les musulmans chinois attribuent la construction de la mosquée de Canton à Ouahb Abi Kebcha, oncle maternel du prophète. Nous savons, au contraire, qu'aucun de ces personnages ne vint en Afrique ou en Extrême-Orient : ces traditions indigènes sont en contradiction avec l'histoire. Il est vraisemblable — car il ne saurait être question de vérité absolue en ce qui concerne l'histoire ancienne de Madagascar — il est vraisemblable que l'islamisation des tribus du Sud-Est est due non pas à une ou plusieurs migrations dont les historiens et géographes arabes nous auraient transmis le souvenir, mais plutôt à l'infiltration continue pendant une période assez longue, de musulmans

commerçants ou missionnaires. L'esprit de prosélytisme et
de lucre aurait ainsi successivement conduit les Arabes de
Zanzibar aux Comores, des Comores à Majunga, et enfin, en
cabotant le long des côtes, de Majunga à Fort-Dauphin.

Le Malgache ne s'assimile volontiers les mœurs et les
croyances étrangères qu'autant qu'elles ne modifient pas profondément les mœurs et les croyances indigènes. Sa philosophie tient tout entière dans le proverbe : *Mamy ny aina*, la vie
est douce. « La vie est douce, disent-ils, telle que nous ont
appris à la vivre les ancêtres. Les dieux bienfaisants ferti-
lisent la terre, fécondent les troupeaux, gardent les villages
et protègent le foyer. Que *Andriamanitra*, le prince odorifé-
rant, le bon génie, soit béni de sa paternelle sollicitude. Nos
offrandes à *Angatra*, le génie du mal, apaisent sa colère et sa
soif de deuil et de sang. » L'innovation ne l'attire pas, si elle
a pour résultat de contraindre à une besogne assidue ce travailleur intermittent; de rendre vertueux et sobre ce polyné-
sien léger, sans moral et amant de l'alcool; de convertir à un
dogme sévère comme l'islam cet épicurien sceptique, fidèle
aux seules dévotions utilitaires, qui ne prie *que* le dieu du
mal pour se préserver de ses sortilèges. Ce peuple à demi-sauvage, sans courage et sans énergie, très attaché à la religon
indigène, ne pouvait pas s'enthousiasmer pour le Qorân. Le
côté matérialiste de l'islam devait certainement séduire les
Malgaches du xᵉ siècle, dont l'état social était très près de
celui des Arabes anté-islamiques; mais l'observation intégrale
des prescriptions qoraniques aurait bouleversé trop profondément leurs us et coutumes. Allah proscrit le vin, les pierres
levées, les jeux de hasard et les sortilèges comme des abominations inventées par Satan. Ces abominations sont particulièrement chères aux Malgaches : ils aiment passionné-
ment l'alcool et les jeux, et croient fermement aux sortilèges;
les pierres levées sont en honneur dans l'île entière.

Madagascar, avant la conquête, est par excellence un pays
de stagnation physique et morale. J'ai lu le livre de Flacourt
en parcourant le Sud-Est de l'île. Les constatations et les
remarques du voyageur du xvᵉ siècle sont restées d'une sur-
prenante exactitude : on croirait lire un guide moderne rédigé

en vieux français. Il est vraisemblable que les Malgaches sont restés tels qu'ils étaient aux premiers temps de l'hégire. On peut ainsi déduire de leur caractère, inchangé depuis près de quatre siècles, que les immigrants arabes furent cordialement accueillis. De tout temps l'action de traduire la pensée à l'aide d'un système graphique a paru œuvre surnaturelle aux peuples primitifs. L'art de l'écriture, inconnu avant l'arrivée des musulmans, fut considéré comme une pratique merveilleuse; les écrivains passèrent pour les porte-paroles des dieux, pour des sorciers aux redoutables maléfices. La puissance qu'on leur attribuait gratuitement et la crainte des charmes magiques dont on les supposait possesseurs garantirent les musulmans contre toute hostilité de la part des Malgaches Sud-Orientaux. Il n'est pas douteux qu'il y ait eu fusion complète entre étrangers et indigènes; le nombre considérable de mots malgaches empruntés à la langue arabe en est une preuve évidente. Le malgache de l'Est est, en général, facilement assimilable. Ses préventions naturelles de demi-sauvage contre l'européen ne tardent pas à disparaître si le caractère pacifique de ce dernier est nettement affirmé. Enfin, la femme malgache se prête davantage encore à l'assimilation. Il n'a manqué à cette cousine de Rarahu qu'un mariage avec Pierre Loti pour devenir aussi célèbre que la petite Tahitienne. Son caractère hospitalier, la cordialité de son accueil fixèrent les immigrants musulmans. Ainsi se fondèrent les tribus musulmanes du Sud-Est.

L'indigène est pour le nouveau venu à Madagascar une vivante énigme. Ses sentiments intimes ne transparaissent ni dans ses paroles, ni dans sa physionomie, ni dans son attitude; il les cache jalousement. Sa pensée n'est jamais nettement exprimée même, lorsqu'une plus grande clarté servirait davantage l'orateur. Les plaidoiries où la précision s'imposerait pour le plus grand bénéfice des parties, ne sont pas exemptes de ce ton oriental où la pensée est voilée d'apologues et de proverbes appropriés à la circonstance. Écoutez ces plaideurs s'adressant au juge : « Vous êtes mon père et ma mère, dit le défenseur: ayez pitié de votre épouse qui a faim — c'est-à-dire : soyez compatissant à mon malheur.

Monsieur, interrompt le demandeur, j'étais couché sans dormir, parce que mon débiteur a la langue grasse. Comme il est le dernier bœuf qui traverse la rivière, je vous supplie de le faire saisir parce que les sauterelles n'attendent pas deux fois à la porte d'entrée — c'est-à-dire : j'avais des appréhensions pour le paiement de ma créance parce que mon débiteur se disait riche sans l'être ; mais je vous demande de l'arrêter pour qu'il paye pour lui et pour les autres, car l'occasion de le faire se présente maintenant et pourrait ne plus se représenter. » Ces métaphores de l'exorde sont indispensables. La plainte vient ensuite en termes plus précis. Celui des plaideurs qui l'emporte remercie en ces termes : « Le miel est doux, mais il y a de la cire ; le sel est délicieux, mais c'est une pierre dure ; la canne à sucre est exquise, mais c'est un morceau de bois ; le bien que vous m'avez fait ne comporte aucune restriction. » En apportant un présent, l'inférieur dira au supérieur : « Ceci est une petite chose. Je vous l'offre comme une boîte de miel à moitié vide. Votre indulgence la comblera. » Une étude prolongée, attentive et discrète permet de découvrir l'âme malgache sous ce fatras amphigourique. Elle est décevante par ses contradictions. Le malgache est foncièrement doux et cruel, hospitalier et sauvage, véridique et menteur. Le même père qui chérit ses enfants et voit avec bonheur en augmenter le nombre, n'hésitera pas à laisser étrangler ceux qui naîtront jumeaux pour satisfaire à une barbare coutume de sa tribu. En novembre 1895, des gens de l'Imérina, fanatisés par des sorciers, mirent à sac les chrétientés d'un district de l'Ambodirano. Un missionnaire anglais et sa famille furent massacrés après avoir été odieusement torturés. Quelques jours auparavant, le Révérend Johnson était encore l'objet d'une véritable vénération de la part de ces indigènes auxquels il s'était entièrement dévoué.

A l'interrogation d'un chef européen, le Malgache répondra ce qu'il croit être le plus agréable à son interlocuteur sans se soucier de l'inexactitude de son renseignement. Cette réponse inexacte ne lui est cependant pas inspirée par sa méfiance de l'étranger, mais par le protocole indigène lui-même : il faut qu'un supérieur n'entende de ses administrés que les paroles attendues et désirées, si étrangères à la vérité soient-elles. Pendant la dernière campagne française, la reine et le premier ministre, restés à Tananarive, reçurent ainsi des bulletins de victoire jusqu'à l'arrivée de nos troupes dans les environs de la capitale. Il eût été contraire à toute étiquette de faire savoir à Ranavalo III que ses soldats n'avaient pas tenu une seule fois devant l'ennemi.

La religion indigène est un manichéisme grossier que l'islam a été impuissant à modifier. Les deux principes opposés sont représentés par *Andriamanitra*, le prince parfumé ou génie du bien, et *Angatra*, le génie du mal. L'un et l'autre possèdent une forme invisible et intangible. Une des plus anciennes traditions du Sud-Est rapporte que le dieu suprême, *Andriamanitra*, a un corps semblable à celui des hommes. Cette enveloppe humaine est cependant d'une essence particulière, et je ne crois pas pouvoir donner une meilleure définition qu'en l'empruntant à la philosophie d'Épicure : « Les dieux à forme humaine n'ont rien de l'opacité et de la résistance des corps organisés que nous connaissons ; ils ont comme un corps, comme du sang. Ce qui ne les empêche pas de remplir les fonctions les plus essentielles de la vie ; ils mangent non pour réparer leurs forces, mais parce que manger est un plaisir : nourriture et breuvage sont d'une nature non moins subtile que les organismes divins auxquels ils sont appropriés. » Autour du dieu suprême gravite toute une série de dieux inférieurs auxquels la tribu rend hommage. Ils habitent le ciel qui se trouve dans les couches les plus élevées de l'atmosphère. La demeure des dieux est de forme ovale et divisée en sept parties. La première partie, placée au seuil de l'empire céleste, est le lieu d'expiation où seront retenus les pécheurs pour un temps limité ou l'éternité tout entière. Cette partie du ciel correspond assez exactement au purgatoire et à l'enfer du christianisme. Les six autres parties sont confiées à la garde des dieux inférieurs Zoborilina, Minkelo, Serafelo, Zerizelo, Bezelo et Serakizelo. Les noms des quatre premiers ont été empruntés à l'islam qui les emprunta au christianisme et rappellent exactement ceux des quatre anges musulmans : Djebril et Mikhaïl, les archanges Gabriel et Michel;

Azrail, l'ange de la mort, et Israfil, le gardien de la trompette céleste qui la fera retentir au jour de la résurrection. Chacun de ces dieux inférieurs est pourvu d'une fonction particulière : Zoborilina détermine le destin de chaque créature à sa naissance ; Minkelo commande aux étoiles, au soleil et à la lune ; Serafelo, aux phénomènes terrestres et célestes ; Zerizelo, aux rivières et aux lacs ; Bezelo est le dieu des bergers et Serakizelo, le dieu des forêts et des rizières. Ces dieux doivent transmettre au dieu suprême, Andriamanitra, les vœux et les prières de ses créatures. On leur offre fréquemment en sacrifices votifs ou propitiatoires, les prémices des troupeaux ou des fruits de la terre. Le paysan ou le berger se rend dans certaines parties de la forêt réputées sacrées, puis se tournant vers l'Est : « O Bezelo, dieu de la terre, dit-il, accepte cet agneau et ces fruits que je te présente. Ce sont les prémices de mon troupeau et de mes terres que je t'offre en signe de respect et de soumission. Sois-moi propice, et un nouveau présent te témoignera de ma fidélité à ton culte. » Le pieux fidèle rapporte ensuite chez lui animal et fruits, et invite ses parents à un grand festin dont les prétendues offrandes font tous les frais. Ce sacrifice gratuit est un des traits les plus caractéristiques du caractère malgache. Les hommages rendus aux génies du bien et du mal s'inspirent également d'un sentiment très particulier. Andriamanitra est généralement négligé. « Comme il est essentiellement bon, disent ses fidèles, il nous sera toujours compatissant et miséricordieux. » Angatra est au contraire prié avec ferveur. C'est le génie du mal dont il faut sans cesse écarter les maléfices et désarmer la colère. Ainsi que je le disais au début de cette conférence, le Malgache ne s'adonne qu'aux dévotions utilitaires. La bonté de Zanahary reste incomprise et le fait délaisser ; Angatra est plus vénéré parce qu'il est plus redoutable. La place d'un dieu sévère mais juste, bon sans faiblesse et punisseur sans cruauté était restée vacante dans la théogonie malgache. Cette lacune a été récemment comblée : le nouveau dieu parfait, s'il faut en croire les dithyrambes indigènes en son honneur, s'appelle l'*administration française.*

L'influence de l'islam ne fut jamais considérable. Peut-être s'est-elle exercée profondément pendant une courte période; elle disparut alors avec ceux qui l'avaient acceptée. Sur ces 500 kilomètres de côte orientale, de Mananjary à Fort-Dauphin, où j'ai résidé pendant près de quatre ans, il n'existe aucun vestige d'établissement arabe. Je n'y ai rencontré et il ne m'a été signalé ni ruines de mosquées, de tombeaux, de monuments commémoratifs, ni inscription lapidaire. Il n'y eut donc jamais dans cette région de centre musulman qu'auraient indiqué les édifices spéciaux dont j'ai vainement recherché les ruines. Le souvenir d'une ancienne ville arabe entièrement disparue se serait certainement conservé dans les légendes historiques qui nous sont parvenues ou dans celles que Flacourt a si minutieusement reproduites. Les traditions populaires du xviiᵉ siècle auraient mentionné une période de suprématie ou de civilisation étrangères, si l'établissement des Arabes avait eu l'un de ces caractères. L'adoption par les tribus du Sud-Est de l'alphabet et de la géomancie arabes, l'emploi de quelques formules pieuses empruntées au Qorân et, dans les dialectes maritimes, d'un certain nombre de mots d'origine arabe sont des marques évidentes de contact prolongé, mais non d'influence prépondérante. L'islamisation toute superficielle des Antambahoaka, des Antaimorona et des Antanosy dénote un effort de propagande soutenu mais témoigne d'un insuccès inhabituel à la pénétration de l'islam. La religion et les mœurs des indigènes n'en ont en effet subi que des modifications légères, presque inappréciables. La façon dont ils prétendent se conformer aux prescriptions religieuses musulmanes est généralement en contradiction avec la lettre ou l'esprit de l'islam. Les Antaimorona affirment observer le Ramadhân, par exemple, mais ils ne jeûnent pas. Ce mois de pénitence et de prières se passe au contraire en fêtes au cours desquelles il est fait une consommation d'alcool invraisemblable. On invoque simultanément Zanahary, le Créateur; Allah et le prophète Mohammed, les dieux du village, les anges de l'islam, l'âme des ancêtres. Les Antaimorona initiés au christianisme y ajoutent le Christ, Calvin, Luther, la Vierge Marie et le pape Léon XIII, suivant la confession à laquelle ils sont censés appartenir.

Malgré leurs prétendues conversions successives, ils gardent une confiance absolue et inébranlable en leurs sorciers, les *Ombiasy*, et leurs devins, les *Mpisikidy*. Le peuple les considère comme les dépositaires de la pensée et de la volonté des dieux. Ils président à tous les actes de la vie. L'*ombiasy* est présent aux fêtes données à l'occasion des naissances, de la circoncision, des mariages et des funérailles. Aucune alliance n'est contractée, aucune guerre déclarée sans qu'il ait consulté les dieux. Les semailles du riz, les premières pluies donnent également lieu à des cérémonies où le sorcier occupe la première place. Leur influence s'est exercée ouvertement jusqu'à la conquête et l'occupation du pays par le gouvernement royal de Tananarive, dans la seconde moitié du xixᵉ siècle. Elle est ensuite devenue discrète, mais restée aussi puissante que par le passé. Le zèle des missionnaires chrétiens se dépense ainsi en pure perte dans la lutte contre l'influence du sorcier et le profond scepticisme de l'indigène à l'égard des croyances nouvelles. Le nombre relativement considérable des confessions rivales représentées à Madagascar, l'antagonisme de leurs ministres en rendraient du reste le choix malaisé à l'esprit le plus ouvert au prosélytisme. Vers 1820 arrivent à Tananarive des missionnaires protestants de la Société de Londres; puis successivement des Jésuites français, des sœurs de Saint-Joseph de Cluny et des Frères de la doctrine chrétienne; des missionnaires anglais et des diaconesses de la Société pour la propagation de l'Évangile; des missionnaires anglais de l'Association des Amis; des missionnaires protestants norvégiens, des luthériens américains, des Lazaristes français et enfin, en 1896, des pasteurs protestants français. Toutes ces sociétés ont facilement recruté des adhérents et eussent-elles été plus nombreuses qu'aucune n'aurait manqué de catéchumènes. Des chefs de famille font fréquemment élever leurs enfants dans des confessions différentes. L'œuvre de christianisation se poursuit sans trêve depuis plus de trois quarts de siècle avec un zèle admirable de la part des missionnaires. Ils ont appris à lire et à écrire à un grand nombre d'indigènes, formé d'excellents ouvriers manuels, acclimaté et propagé les arbres à fruits et les légumes d'Europe, enseigné le français et l'anglais à leurs meilleurs élèves. Ces résultats leur font grand honneur; mais ils sont d'un ordre purement laïque ; la foi n'a fait aucun prosélyte. Les églises et les temples étaient, il est vrai, assidûment fréquentés et le repos du dimanche scrupuleusement observé; mais ces pratiques dominicales étaient imposées par une loi d'état inspirée par les missionnaires. La présence au temple ou à l'église étant obligatoire, la prière étant décrétée *fanompoana* (corvée), les indigènes s'y soumirent comme à la corvée royale, seigneuriale ou militaire, uniquement pour éviter l'amende ou la prison. La morale chrétienne leur est restée fermée. Elle est, comme l'islam, trop exigeante pour ces gens qui vivent encore sous la Loy de nature. Nos vertus féminines les font sourire : la pudeur et la chasteté sont inconnues à Madagascar. Les femmes se donnent à qui les désire, depuis l'Altesse royale jusqu'à la petite esclave. Le mensonge, la fourberie, le vol, l'ivrognerie, tous les vices, toutes les passions humaines leur sont familiers. N'émanent-ils pas naturellement du cœur de l'homme? Un faux témoin ou un voleur pris en flagrant délit et condamné par nos tribunaux ne subit aucune déconsidération de la part de ses compatriotes. C'est une simple mésaventure. Le coupable se promet seulement d'être plus adroit à l'avenir. Au cours d'une longue et discrète enquête sur l'impression produite par l'évangélisation, j'ai souvent entendu la réponse suivante : « Où est la vérité parmi toutes ces religions venues d'au delà de la mer? Est-ce le catholicisme romain? Est-ce le protestantisme? Quelle est encore la secte protestante qui répand la bonne parole authentique? Sont-ce les anglicans, les méthodistes, les quakers, les norvégiens, les luthériens américains, les pasteurs français ou l'Armée du Salut? » Le prosélytisme ardent des missionnaires de nationalités différentes et de confessions opposées eut quelquefois les conséquences les plus inattendues. A la cathédrale française de Fianarantsoa, la capitale du Betsileo, le prédicateur avait pris pour texte de sermon du dimanche la campagne de Simon de Montfort contre les Albigeois. Le missionnaire fit un pompeux panégyrique du chef catholique qui commandait la croisade entreprise sur l'ordre du pape Innocent III et extermina les hérétiques d'Albi. La semaine suivante, le pasteur du temple anglais développa le même thème mais présenta Simon de Montfort comme un bandit sanguinaire qui se plaisait à massacrer de paisibles Albigeois dont le seul crime était d'avoir abandonné l'erreur pour venir à la vérité. Les Betsileo conclurent de ces deux versions contradictoires qu'un chef catholique français avait autrefois battu des protestants anglais et que les descendants des croisés et des hérétiques du XIII⁰ siècle conservaient encore vivace le souvenir des luttes ancestrales. Les Malgaches vont alors vers leurs sorciers en qui seuls ils ont confiance parce que ce sont des compatriotes : « Ne croyez pas aux folies que veulent propager ces étrangers, disent les ombiasy. Un homme peut-il faire descendre Dieu dans un morceau de pain ou quelques gouttes de vin? Un dieu tout-puissant aurait-il laissé tuer son fils, aurait-il permis qu'on le traitât en criminel? Ce sont des plaisanteries. Zanahary, Angatra, Allah et Mohammed gouvernent seuls le monde. Nos ancêtres leur ont été fidèles; imitons-les. Vous honorerez la mémoire des aïeux en rendant hommage aux dieux qu'ils adoraient. »

Les musulmans du Sud-Est se divisent en trois groupes: les Antambahoaka, les Antaimorona et les Antanosy. Les Antambahoaka dont la capitale est Mananjary, résident dans la vallée du fleuve Mananjary. Cette tribu habite une bande de côte peu profonde d'une centaine de kilomètres de long, qui part du 21ᵉ degré de latitude et se prolonge jusqu'à la rivière Faraony. Les Antaimorona dont le village principal est Vatomasina, viennent immédiatement après. Leurs villages les plus importants sont situés dans la basse vallée du fleuve Matitanana, le Matatane de Flacourt. La limite méridionale du territoire Antaimorona est le village maritime d'Andranamby qui est un peu au Sud du parallèle 22° 30'. Viennent ensuite les tribus païennes des Antaifasy et des Antaisaka; les clans païens des vallées du Masianaka, du Manambondro, du Sandravinany et du Iavibola; enfin, les Antanosy musulmans de la région de Fort-Dauphin.

Chez les Antambahoaka, l'homme est paresseux et ivrogne.

Il ne se soumet qu'à des travaux de courte durée dont le salaire excède à peine le prix d'une bouteille de rhum. La femme cultive les rizières, fait des ouvrages en sparterie et vit surtout de ses faveurs qu'elle accorde à tout venant. Son principal objectif est d'arriver à être *vadim-bazaha*, concubine d'un étranger, pour amasser quelque argent à son service. Elle n'est ni vicieuse, ni passionnée; elle se livre sans honte, par devoir pour ainsi dire, comme l'Ouled-Naïl Algérienne qui, par tradition de race, va de village en village trafiquant de ses charmes pour s'acheter un collier d'or.

Les Antambahoaka ont des mœurs cruelles et sauvages. L'inceste est commun entre frère et sœur: ce commerce criminel procure, disent-ils, la fortune. Les accouchements donnent lieu à des pratiques étranges. Lorsque les douleurs de l'enfantement se prolongent au delà de la durée normale, on force la patiente à dire le nom de tous ceux auxquels elle a accordé ses faveurs. L'extrême légèreté des mœurs malgaches rend fort longue cette énumération que la femme fait sur un ton de mélopée. Le nom qu'elle prononce au moment de la délivrance est considéré comme celui du père authentique de l'enfant. L'individu indiqué est immédiatement prévenu qu'il lui est né un fils ou une fille; et il n'y a pas d'exemple qu'un Antambahoaka ait refusé d'accepter les charges d'une paternité si peu démontrée. La sage-femme, pendant la durée de son ministère, ne doit porter aucun vêtement ou être tout au moins à demi-nue. Immédiatement après l'accouchement, pendant qu'on procède à la toilette du nouveau-né, la mère est conduite en plein air et douchée à l'eau froide. Elle rentre ensuite dans la case où on allume un feu violent, destiné à la faire transpirer. Lorsqu'une femme met au monde deux jumeaux, la mère et les assistants s'éloignent pour laisser place à un sorcier qui les étrangle. La famille revient dans la case après le départ du sorcier et pleure la mort des enfants. On se débarrasse également des jumeaux en les jetant en plein jour dans un marais où ils ne tardent pas à s'enliser. Les Antambahoaka prétendent que ces enfants ne vivraient pas, deviendraient fous ou attenteraient plus tard à la vie de leurs parents. Par une coïncidence malheureuse qui a semblé donner raison à cette cruelle coutume, une femme qui avait refusé de s'y soumettre, a vu mourir l'un des jumeaux et le second devenir fou. Les femmes Antambahoaka refusent même de donner le sein à un enfant étranger en même temps qu'au leur. Ce double allaitement rendrait les enfants jumeaux et les exposerait aux pires infortunes.

Certaines tribus de la côte orientale attribuent à leurs sorciers le pouvoir de charmer les caïmans et de les faire coopérer à leurs sortilèges. Il y aurait même, affirment les traditions locales, des unions entre des sorciers et des caïmans femelles, et des sorcières et des caïmans mâles. Les rendez-vous ont lieu le soir, sur le bord des rivières; et les sorciers indiquent aux caïmans les personnes qu'ils doivent dévorer. Cette croyance dont il est fait mention dans plusieurs contes populaires, est si bien enracinée chez les Antambahoaka que, en 1892, deux vieillards ont failli être condamnés aux travaux forcés, sous l'inculpation d'avoir fait dévorer une femme par un caïman

Avant la conquête française, les indigènes convaincus de crimes entraînant la peine capitale, étaient livrés au peuple et longuement torturés avant d'être exécutés. La mise à mort avait lieu sur la berge d'une rivière au moyen d'un coup de sagaie, frappé d'arrière en avant, dans la région du cœur. Le cadavre était ensuite lancé dans le courant. Cette mort avec torture était infligée aux voleurs d'enfants libres, d'esclaves et de bœufs. Les vols simples étaient punis d'une amende, de l'emprisonnement et de la bastonnade. Si les dimensions de l'objet ou de l'animal volés permettaient de le faire, on le suspendait au cou du voleur qui, ligotté et tenu en laisse, était exposé aux lazzi et aux bourrades des gens du village.

La tribu des Antaimorona réside dans la basse vallée du Matitanana. Son village principal, Vatomasina, est situé sur la rive gauche du fleuve, près de l'embouchure. Les clans les plus célèbres sont les Anakara, les Zafitsimaito et les Antaiony. Les deux premiers revendiquent l'honneur d'avoir accompagné Radama Ier dans toutes ses expéditions militaires et d'avoir contribué par leurs sortilèges et leur bravoure à la soumission des tribus du Nord au roi de Tananarive. Chaque clan Antaimorona est divisé en trois castes : les nobles, c'est-à-dire le roi et ses parents à quelque degré que ce soit ; les roturiers et les esclaves. Du Matitanana à Fort-Dauphin, chaque tribu ou groupe de clans a à sa tête un chef suprême ou grand roi. Dans les tribus musulmanes, le grand roi est le descendant le plus direct de Raminia, le noble Mekkois que la légende donne comme fondateur à toutes les tribus islamisées. L'une des principales prérogatives du roi et des nobles était le droit exclusif de couper la gorge aux animaux destinés à la consommation. Les bœufs, les animaux de basse-cour, le gibier même ne pouvaient être consommés s'ils n'avaient eu la gorge coupée par un noble, suivant un rituel spécial et moyennant un léger impôt. Toute bête abattue autrement était déclarée *fady*, tabou ; et ceux qui l'auraient vendue ou mangée étaient passibles de la peine de mort. Cette coutume vexatoire et dispendieuse pour les roturiers et les esclaves fut abolie vers 1880. Le roi et les nobles chassés de leurs villages par un soulèvement populaire n'obtinrent l'autorisation d'y revenir qu'en accordant le droit d'abattage des animaux à tous leurs sujets sans distinction de caste.

Les Antaimorona ont comme la plupart des tribus malgaches, conservé l'usage des ordalies ou épreuves judiciaires. Quoiqu'ils ne se servent point du toxique merina, le Tangin, leurs épreuves n'en sont pas moins dangereuses pour le patient. Comme chez les Merina, le résultat dépend entièrement de l'ombiasy qui la dirige. Un inculpé qui nie le crime dont on l'accuse, doit prouver sa parfaite innocence en sortant indemne d'une des trois épreuves suivantes :

1º boire de l'eau d'or ; c'est-à-dire boire une coupe d'eau froide dans laquelle a trempé une pépite d'or et n'en avoir aucune nausée. On a, au préalable, prononcé des imprécations sur l'or ; mais si le patient n'a pas été généreux envers le sorcier qui a préparé l'épreuve, celui-ci ajoute à la pépite d'or un vomitif qui produira la nausée accusatrice ; 2º traverser à la nage le Matitanana où les caïmans abondent. Arriver sain et sauf sur la rive opposée est une preuve d'innocence ; dans le cas contraire la dent des caïmans a fait justice du coupable ; 3º traverser un champ de riz sans qu'un serpent se montre en travers du sentier ni qu'un oiseau s'envole pendant l'épreuve, démontrera l'innocence de l'inculpé. Le résultat de l'ordalie dépend entièrement de la rizière choisie pour l'expérience et de la saison pendant laquelle elle a lieu ; c'est-à-dire de la vénalité du sorcier qui désigne l'une et l'autre.

Les mœurs des Antaimorona sont beaucoup moins relâchées que celles des autres tribus de l'Est. L'homme va s'employer comme travailleur au mois ou *Karama be* jusqu'à Tamatave, quelquefois même jusqu'à Majunga. Il séjourne ordinairement cinq ou six mois chez son employeur ; puis, avec ses gages accumulés, achète une petite pacotille dont la revente avec bénéfice lui permettra de rester inactif pendant un laps de temps à peu près égal. Ses économies épuisées, il retourne dans le Nord chercher un nouvel emploi de même durée.

Les femmes se marient presque exclusivement avec les jeunes gens de leur clan. Elles accompagnent rarement leurs maris dans leurs déplacements et restent généralement dans leurs villages où elles gardent les cases et mettent en valeur les champs des absents. Le costume des Antaimorona se compose comme celui de toutes les tribus orientales : 1° du *salaka*, bande de toile blanche qui entoure les reins et passe plusieurs fois dans l'entre-jambe. Il fait office de caleçon de bain réduit à sa plus simple expression ; 2° du *simbo*, pièce de toile blanche ou de couleur de 2 mètres de long sur 1 m. 50 de large, qui drape tout le corps en laissant l'épaule droite découverte. Les femmes s'habillent du *simbo* ou jupon en fibre d'arbres indigènes et de l'*akanjo*, espèce de corsage destiné à soutenir les seins et à vêtir la poitrine et les bras. Leurs cheveux sont séparés par une raie au milieu de la tête et tressés de chaque côté en trois nattes dont l'extrémité roulée en boule retombe sur le cou.

Au sud du Matitanana commencent les tribus païennes. C'est d'abord la remuante et guerrière tribu des Zafisorona. Mahamanina, leur capitale, était devenue la résidence du représentant du gouvernement de l'Imerina. Le *Rova* ou résidence fortifiée du gouverneur, construit sur le sommet d'une colline escarpée, est entouré de six palissades concentriques.

derrière lesquelles habitaient quelques officiers et soldats venus de Tananarive. Lorsque Rajaona, le dernier gouverneur Hova de cette province, vint prendre possession de son poste, il avait amené de l'Imerina des bœufs, des moutons et des chèvres dans l'intention de s'adonner à l'élevage. Ces animaux étaient parqués dans le Rova. Un jour, quelques Zafisorona armés s'introduisent dans le fortin, tuent les animaux, les font cuire et les mangent sous les yeux du gouverneur stupéfait. Quand ils furent rassasiés, le chef de la bande s'avança vers Rajaona : « Vivez longtemps, ô mon maître, lui dit-il, pour le service de la reine. Nous sommes ses féaux sujets. Que Dieu vous protège pour nous avoir *donné* une si bonne nourriture. » Puis ils retournèrent dans la plaine, racontant le bon tour qu'ils venaient de jouer au représentant de Ranavalo III. L'affaire eut un certain retentissement; et dans tout le Sud de l'île, on vantait ironiquement le courage de Rajaona qui avec ses soldats et ses canons n'avait pas su empêcher quelques Zafisorona armés de sagaies de violer son Rova et de s'emparer de ses bestiaux.

Viennent ensuite les Antaifasy qui habitent le bassin des rivières Manambavana, Manampatrana et Manambato. Leur village principal, Farafangana également appelé Ambahy, est situé au confluent et à l'embouchure de la Manampatrana et de la Manambato, un peu au nord du 23ᵉ parallèle. Au sud des Antaifasy se trouvent successivement : les clans Zaramanampy du bassin du Manantsimba; les clans Antaimananivo du bassin du Mananivo qui passent pour les meilleurs lanceurs de sagaies de la côte Sud-Est et les pires bandits de la région; et la tribu des Antaisaka du bassin de Mananara. C'est la plus importante tribu païenne du Sud-Est. Elle fut soumise par les Hova dans la seconde moitié du xixᵉ siècle. Rabedoky, le chef Antaisaka vaincu, fut mis à mort dans des circonstances particulièrement odieuses : on le plongea, la tête la première, dans une fosse pleine de suif bouillant. Son petit-fils Lehia, que je visitai en 1894, résidait à Vangaindrano, la capitale de la tribu. Il était étroitement surveillé par le gouverneur Hova et astreint à la résidence forcée, mais on lui avait laissé toute autorité sur ses sujets. Quoique marié déjà à trois femmes — il est polygame comme beaucoup de chefs du Sud — il a droit de réquisition sur toutes celles qu'il a remarquées. Un père auquel il avait demandé sa fille en mariage la lui ayant refusée, Lehia la fit enlever par vingt hommes en armes, mit le père aux fers et le condamna à payer vingt bœufs d'amende. « Je suis le roi, dit-il à l'assemblée publique, au Kabary qui eut lieu à cette occasion. Malheur à qui voudrait me résister. » L'opinion publique fut pour lui. Les Antaisaka le craignent, mais ils lui sont attachés et vantent sa sobriété. C'est en effet une vertu peu commune à Madagascar, et par une étrange inconséquence, cette tribu semble l'exiger de ses rois. Un chef de Vangaindrano, oncle de Lehia, fut déposé par le peuple à cause de son ivrognerie et remplacé par son fils plus tempérant.

Au Sud des Antaisaka, toutes les tribus, à l'exception des Antanosy de Fort-Dauphin, étaient absolument indépendantes du gouvernement de Tananarive. Leur organisation sociale est entièrement différente des précédentes : elles sont gouvernées par un roi de race noble assisté de ministres roturiers nommés par le peuple. Si le roi, pour une cause quelconque, devient à charge à ses sujets, ceux-ci réunis en assemblée publique, prononcent sa déchéance et la lui font notifier par les ministres. Le roi doit quitter sur l'heure le pays pour faire place à son successeur généralement élu dans le même Kabary. Pendant son exil, le roi déchu rassemble ses partisans, se crée des alliances et, lorsqu'il se sent en forces, attaque à l'improviste le chef qui l'a remplacé. Il reprend quelquefois le pouvoir et parvient à se faire accepter de nouveau par le peuple. Quoique déposé par ses sujets, le roi ne s'attaque jamais qu'à son successeur. Le peuple ne peut pas intervenir dans les combats entre guerriers royaux. D'après une loi immuable, tout roturier qui frapperait un noble, perdrait sa qualité d'homme libre. La fréquence de ces dépositions de chefs, les inimitiés de clans à clans, de village à village donnent lieu à de si nombreuses prises d'armes que le pays est dans un continuel état de guerre. Tous les villages sont fortifiés et situés soit dans des îles, soit au confluent des rivières pour être plus facilement défendus. Les ouvrages de défenses ne manquent pas d'ingéniosité. Ils se composent d'un fossé extérieur de deux mètres de profondeur et d'un mètre de large; d'une palissade de gros pieux serrés l'un contre l'autre, et d'un parapet construit avec des mottes de terre, de deux mètres de haut et 0 m. 30 de large. Fossé, palissade et parapet sont distants l'un de l'autre de plusieurs mètres. Le parapet est percé à mi-hauteur de meurtrières de la dimension exacte d'un canon de fusil. Elles permettent aux tireurs de faire feu sans s'exposer aux balles ennemies; mais, en revanche, l'étroitesse de la meurtrière empêche de viser et par conséquent d'effectuer un tir dangereux pour l'assaillant. Au milieu du village, entouré d'une nouvelle palissade de pieux, se trouve le *lonaka* ou case royale. Les portes qui y donnent accès ne laissent passer qu'un homme de front. Enfin pour compléter ce système de protection, les abords des villages sont toujours encombrés de cactus et de branches d'un arbuste épineux qui en rendent l'approche difficile à des indigènes allant pieds et jambes nus.

Les Antaimanambondro et les Antaitarehy de la basse vallée du Manambondro avaient par leurs guerres continuelles rendu le pays inhabitable aux étrangers. Aussi aucune factorerie européenne ne s'était-elle installée sur leur territoire. En 1893, les Antaimanambondro avaient pour roi Raibaira. Ce chef commit de telles exactions qu'il fut chassé par son peuple après avoir subi l'insulte suprême d'être ligotté par des roturiers qui lui attachèrent sur les lèvres un morceau de viande provenant d'un bœuf tué par l'un d'eux. Filaira, un frère de Raibaira, fut désigné pour remplacer celui-ci. Raibaira l'assassina peu de temps après et essaya de reprendre le pouvoir, mais il fut de nouveau chassé par le peuple. Raisamby, un troisième frère, fut nommé roi. Raibaira le surprit un matin seul et sans armes; il le tua d'un coup de sagaie. Rentré avec ses partisans dans la case royale, il en fut expulsé une troisième fois par les chefs de clan qui ne permirent pas que les funérailles de Raisamby fussent troublées. Cette circonstance seule autorisa le peuple à intervenir, car malgré l'assassinat de ses deux frères, Raibaira n'encourait que l'expulsion du territoire de la tribu : le sang versé entre nobles échappe à toute sanction pénale.

Au Sud du Manambondro, l'unité sociale n'est plus la tribu mais le clan et même le village, bien que l'importance numérique de ce dernier soit quelquefois insignifiante. Sur le cours inférieur du Sandravinany se trouvent, par exemple, trois villages : Iantokonosy, roi Ramahatonga; Befasina, roi Ratovelo, et Mavoroka, roi Tsirivelo. Ils sont complètement indépendants l'un de l'autre quoique les indigènes qui les habitent appartiennent à la même tribu des Andriantsimaniry. Les motifs les plus futiles les mettent aux prises : un bœuf égaré, un esclave fugitif reçu dans un village suffisent pour motiver une prise d'armes. La circulation est immédiatement interrompue, les champs de manioc et de patates sont dévastés, les villages incendiés. La paix se rétablit ensuite aussi facilement qu'elle a été troublée.

Les Antanosy musulmans de la région de Fort-Dauphin étaient nombreux et puissants au xvii⁰ siècle. Flacourt rapporte qu'ils prétendaient à la descendance d'un chef de la Mekke et qu'ils se divisaient en trois castes : les *Rohandrian* ou caste royale; les *Anacandrian* ou caste noble et les *Ondzatsi* ou roturiers. « Ces derniers, dit le voyageur français, ne peuvent pas couper la gorge seulement à un poulet. » Les Rohandrian et les Anacandrian ont seuls « l'avantage de couper la gorge aux bêtes ». Cette coutume, nous venons de le voir, est restée en vigueur jusqu'à la fin du xix⁰ siècle. Flacourt se plaint fréquemment de l'hostilité des Antanosy, de leur traîtrise et surtout de leur caractère superstitieux qui a causé tant de difficultés à la colonisation française. D'après les renseignements fournis par le comte de Maudave, les Antanosy sont encore à la fin du xviii⁰ siècle la tribu la plus importante de l'extrême Sud. Cent ans plus tard, ils ne sont plus représentés que par quelques familles sans autorité ni prestige. Les causes de cette décadence irrémédiable ne nous sont pas connues; elles resteront vraisemblablement ignorées en l'absence de tout document historique sur cette dernière période.

Le père Luiz Marianno et Flacourt attribuent l'hostilité dont ils furent victimes *aux menées de ceux d'Anossi et de ceux de Malatane*; c'est-à-dire aux sentiments anti-chrétiens inspirés par les Arabes aux Antanosy et aux Antaimorona. Ces tribus, à l'instigation de leurs sorciers, défendaient leur pays contre les découvreurs portugais et l'occupation française. Les amulettes en caractères arabes dont parle Flacourt, lancées contre les étrangers, ne contenaient aucun appel à la guerre sainte; c'étaient de simples fétiches qui devaient arrêter les envahisseurs et rendre leurs armes inoffensives. Les Antanosy et les Antaimorona voulaient seulement conserver leur indépendance qu'ils sentaient menacée par ces *Vazaha* dont la religion et la nationalité leur étaient inconnues. On a parlé de fanatisme religieux chez certaines tribus islamisées : l'assertion est inexacte. Les tribus musulmanes du Sud-Est dont les voyageurs anciens constatent unaniment l'hostilité, sont devenues hospitalières; les mœurs des Antaimorona et des Antambahoaka se sont adoucies. On voyage, depuis longtemps déjà, en toute sécurité sur leur territoire; l'étranger y est accueilli sans haine et sans crainte, avec une curiosité plutôt bienveillante. Au sud du fleuve Manampatrana et du pays Antaifasy, au contraire, chez les tribus et clans païens Antaisaka, Antaimanainbondro, Antaiavibola et Antaimanantenina, le voyageur est exposé aux tracasseries des chefs, à la malveillance du peuple; les vivres lui sont refusés ou vendus à prix d'or; l'hospitalité est inconnue. La mission norvégienne de Vangaindrano avait envoyé un de ses membres chez les Andriabakara de la rive gauche du Sandravinany, pour demander au chef du pays l'autorisation d'ouvrir une école où viendraient s'instruire les enfants de la tribu. « Les Andriabakara, répondit le roi, n'ont nullement besoin d'école pour apprendre à récolter le caoutchouc et cultiver le riz et les patates. Ces trois seules choses nous sont nécessaires : le caoutchouc pour nous procurer par échange du rhum, de la poudre et des colonnades; et le riz et les patates pour notre nourriture. » Le Révérend Eilertsen duquel je tiens cette anecdote, ne put malgré son insistance et ses promesses de cadeaux, ni faire revenir le chef Andriabakara sur son refus, ni même obtenir un permis de séjour d'une certaine durée. Les Antambahoaka et les Antaimorona musulmans n'ont gardé, au contraire, de leur sauvagerie ancienne que les superstitions inhérentes à la vie purement malgache; ces superstitions enfantines, bizarres, barbares quelquefois, qui régissent les rapports d'indigène à indigène, de l'individu envers la collectivité, de la famille, du village ou de la tribu envers l'un de ses membres. Les *fady*, les prohibitions qui frappaient le *vazaha* ont disparu ou sont tombés en désuétude. Le blanc n'est plus l'ennemi; c'est un être bienfaisant qui leur apporte des objets manufacturés dont ils ont bien vite reconnu la supériorité sur leurs tissus grossiers, leurs outils et leurs armes rudimentaires. L'Antaimanambondro et l'Antiavibola païens sont encore sauvages; ce sont des brutes malfaisantes dont le pays est resté fermé jusqu'à notre conquête. Il est ainsi démontré que les musulmans du Sud-Est qui étaient hostiles aux étrangers aux xviie et xviiie siècles, font à la fin du siècle dernier bon accueil aux européens voyageurs ou sédentaires; tandis que leurs voisins païens ont conservé leur caractère sauvage, inhospitalier et xénophobe.

Il me semble possible de déduire de ces constatations l'importante conclusion suivante : l'islam n'a pas donné aux Malgaches du Sud-Est le caractère nettement anti-étranger habituel à leurs coreligionnaires. Je ne veux pas défendre les musulmans. Ils sont ennemis nés de tout infidèle, de tout ce qui n'est pas le Qorân et leur intolérance est sans bornes. L'introduction de l'islam chez les peuples païens de l'Afrique marqua évidemment une étape vers la civilisation; mais là s'arrête la marche vers un état social plus élevé. Un nègre converti à l'islam est plus civilisé mais non pas plus civilisable que son congénère païen. C'est un être immobilisé pour jamais ou tout au moins pour longtemps par cette religion rétrograde qui, suivant l'expression de Desvergers, «assiste à la marche de l'esprit humain sans lui emprunter ni un mouvement ni une idée ». Le caractère léger et sceptique des Malgaches préserva heureusement les clans du Sud-Est contre la propagande islamique. Ce qu'ils ont retenu de la religion de leurs ancêtres se résume en quelques formules pieuses en arabe et des extraits du Qorân dont le sens leur reste fermé : la colonisation française ne saurait donc s'en inquiéter.

J'ai restreint le cadre de cette conférence aux tribus musulmanes, à leurs mœurs spéciales, à leur caractère et à leur religion. Je ne vous ai parlé ni du pays, ni de ses produits, ni de son commerce. M. Clément Delhorbe, le très distingué secrétaire général du Comité de Madagascar, vous exposera dans deux conférences prochaines la situation de la Grande Ile africaine avant et après la conquête française. Vous savez déjà la tâche considérable qui incombait au général Gallieni et à ses collaborateurs; vous savez aussi comment elle a été menée à bonne fin dans la région du Sud-Est dont je viens de vous entretenir. Permettez-moi d'adresser, en terminant, l'assurance de notre cordiale et chaude sympathie au Gouverneur général et à ses collaborateurs qui ont accompli à Madagascar cette œuvre si véritablement française de paix, de justice et de civilisation.

Gabriel Ferrand.